Motivando o talento humano

Paulo Henrique de Araújo

EDITORA EKO

**FICHA CATALOGRÁFICA ELABORADA PELA
BIBLIOTECA CENTRAL DA FURB**

Araújo, Paulo Henrique de
A663m Motivando o talento humano / Paulo Henrique de Araújo - Blumenau : Eko, 1999.
76p.
ISBN: 85-7324-456-9
1. Motivação (Psicologia). 2. Motivação no trabalho. 3. Sucesso. I. Título.
CDD 153.8
658.314
158-1

Rua 7 de Setembro, 1760
89010-202 - Blumenau - SC
CNPJ: 03.163.884/0001-93

ISBN: 85-7324-456-9

Impresso no Brasil

"Tenha firmeza em suas atitudes
e persistência em seu ideal.
Mas seja paciente, não pretenda
que tudo lhe chegue de imediato.

Há tempo para tudo.
E tudo o que é seu virá as suas
mãos no momento oportuno. Saiba
esperar a hora exata de receber os
benefícios que pleiteia.

Aguarde com paciência que os frutos
amadureçam, para que possa
apreciar devidamente a sua doçura.
Porque Deus sabe o que faz !!!

E não existe nada impossível para
quem nEle crê !!!"

Denise de Fátima de Araújo

Agradeço a todos os que compartilham comigo a vida, sempre me estimulando ao crescimento pessoal e profissional, e a alguns amigos de forma especial.
Vamos a eles: a Daniel Godri, minha eterna gratidão e amizade, Júlio, Rogério Pozza e Tonho (meus compadres), Kleyd, Susane e Tânia (minhas comadres), Renata Redi, Carlos Kruk, Kotaka, Moema, Wilson, Regina, Alexandre, Núbia, Marcelo e Mica.

A Sérgio Van Den Berg e Priscila, por sempre me incentivarem na carreira de escritor.

A meus queridos pais, Waldemar e Rose, por sempre acreditarem e compartilharem minhas alegrias, tristezas e conquistas. Sem suas palavras e atos de apoio e carinho com certeza eu não seria quem sou.

A Denise, por seu amor, paciência e inspiração.

A Felipe e Nickolas, duas ferinhas que fazem nossos dias mais felizes.

A Deus, por seu imenso amor e por abençoar-me a cada dia de minha vida.

MOTIVAÇÃO
E ENTUSIASMO!!!

Este é um tema que por si só já nos dá uma sensação de bem estar, provocando grandes acontecimentos como, por exemplo:

• De uma noite cheia de amor e de grande entusiasmo entre nossos pais fomos concebidos;

• as grandes invenções do século sempre surgiram de pessoas motivadas e apaixonadas por uma grande idéia;

• nossas maiores conquistas pessoais, com certeza, estão relacionadas a atributos como garra, força de vontade e entusiasmo.

Está provado que, motivados, produzimos mais e melhor. E hoje, o que mais almejamos é elevar nossos próprios padrões de excelência e competitividade para melhor atender nossos clientes.

Mas, afinal, quem é o cliente ???

Costumo dividir os clientes em quatro classes diferentes:

1. Cliente Externo: aquele que efetivamente paga nosso salário. É quem usufrui de nossos produtos ou serviços como usuário final ou como participante de nossa rede de distribuição. Ambos são fundamentais e importantes.

2. Cliente Interno: é o colega de trabalho que depende direta ou indiretamente de nossas informações ou produto e que, como nós, participa de todo um processo produtivo ou administrativo que resulta em um produto ou serviço para o cliente externo.

3. Clientes-Vida: são nossos amigos, pais, irmãos, marido,

esposa, etc. Afinal, quanto tempo faz que você não manda um buquê de flores para sua "cliente-esposa"? Não vale aniversário de casamento, Natal ou Dia das Mães.

Olha o sentimento de culpa !!!

Experimente tratar quem você ama como um cliente muito valioso e perceba o quanto sua vida ficará mais alegre.

4. Cliente 2X+: neste caso, aquele "duas vezes mais importante": VOCÊ mesmo !!!

Preocupe-se também com você e trate-se como um cliente.

Caso não esteja bem consigo mesmo, como estar bem com os outros ?

Este livro foi escrito, principalmente, para o Cliente 2X+. Se estou motivado produzo mais, vendo mais, contagio as pessoas à minha volta e me sinto mais feliz.

Aqui você não encontrará uma receita para o sucesso, pois o sucesso tem um caminho que somente individualmente podemos traçar.

Apenas pretendo compartilhar pequenas dicas e ações que são extremamente simples e, talvez por isso, muito eficazes.

Olhos atentos, mente aberta, disposição para mudar são, hoje, requisitos essenciais para a conquista da excelência pessoal.

Os "dados" estão lançados. Agora é a sua vez de participar deste "jogo".

MANTENHA CHEIO
SEU BALÃO...

O balão é um símbolo universal.

Em qualquer lugar do mundo, quando encontramos uma casa ou um ambiente cheio de balões, imaginamos que por lá há festa, há alegria. É impossível estar constantemente motivados, porém podemos descobrir pequenos triunfos que nos fazem estar mais motivados. Pense:

- O segredo da motivação está em saber encher o seu próprio balão. Procure relembrar as grandes conquistas e vitórias de sua vida. Todos temos grandes momentos e alegrias. Relembre-os sempre.

- Perceba em sua vida os balões coloridos à sua volta. O nascer do sol, o beijo da pessoa amada, o céu azul, o sorriso de uma criança, uma linda estrela no céu... A automotivação está nos detalhes.

- O ar para encher o seu balão vem de dentro. Estimule pensamentos e atitudes positivas, elogie os colegas de trabalho, as pessoas de sua família e, por que não, a si mesmo. Valorize sua vida, perceba o quanto você tem, e não o que você poderia ter.

  Na maioria dos casos temos muito a agradecer, porém muito pouco a pedir.

- Assim como em fim de festa, às vezes seu balão estará murcho. O segredo maior é saber renovar constantemente o seu oxigênio. Descobrir o que o motiva, quais os seus pontos fortes, aquilo que você efetivamente gosta de fazer é seu grande desafio!!!

CRISE OU
OPORTUNIDADE?!?

A cada ano que se inicia, a esperança de um novo tempo renova-se em cada coração.

Muitos ainda contestam e bradam em altos gritos, reclamando da crise, da alta competitividade, esquecendo-se de aproveitar as oportunidades que os rodeiam.

Não desperdice toda a sua energia com reclamações ou pensamentos negativos. Procure encontrar as oportunidades nestes momentos de grandes transformações.

Inove. Na inovação e na criatividade estão as melhores oportunidades para o crescimento de seus negócios. O seu maior diferencial está na capacidade de inovar mais do que os concorrentes.

Ouça. Aprenda a ouvir com empatia e a buscar a participação de seus colaboradores no dia-a-dia de suas ações. Sempre existe alguém quietinho em um canto com uma grande idéia na cabeça.

Procure perceber as oportunidades que surgem em cada fase de sua vida. A oportunidade não o espera por toda sua vida; às vezes, ela vem e passa rápido.

Por vezes, estão mais próximas do que imaginamos.

Concentre-se e defina o seu "norte". Sêneca já dizia: "Não existem bons ventos para navios que não sabem onde aportar."

A FÁBULA

Conheço um texto que é uma verdadeira jóia para encerrarmos nossas discussões sobre crise.

Preste muita atenção sobre o seu conteúdo e pondere sobre o mesmo.

A história se passa em um lugar não muito distante...

Era uma vez um homem que vivia à beira de uma estrada e que vendia cachorro-quente. Ele não ouvia bem, por isso não tinha rádio. Tinha problemas de visão, e por isso não lia jornais. Mas ele vendia cachorro-quente. Colocava cartazes na estrada fazendo propaganda da qualidade de seu produto. Ficava na beira da estrada e oferecia o seu produto em alta voz e o povo comprava. Lentamente, foi aumentando as vendas e cada vez mais aumentava a compra de salsicha e de pão. Comprou um fogão industrial para melhor atender os fregueses e o negócio prosperava. Conseguiu até mandar o filho estudar na capital.

Certo dia, o filho já formado voltou para casa para cuidar do pai e então uma coisa aconteceu. O filho falou ao pai: "Você não ouve rádio ! Nem lê jornais ! Há uma crise no mundo. A situação na Europa é terrível e a do Brasil ainda pior. Tudo está indo pro vinagre."

O pai pensou: "Meu filho estudou, lê jornais, ouve rádio e só pode estar com a razão." Então, resolveu reduzir as compras de salsicha e de pão. Tirou os cartazes de propaganda e já não anunciava tão alto seu cachorro-quente, abatido que estava pela notícia da crise; e as vendas foram caindo, caindo, caindo...

Então, o pai disse ao filho: "Você estava certo, meu filho. Nós certamente estamos vivendo uma grande crise."

ABRA SEUS HORIZONTES

Globalização. Competitividade. Gestão pela Qualidade Total. Learning Organization. QS 9000. ISO 14000.

As siglas e termos alteram-se com a mesma velocidade com que ocorrem mudanças no mercado e em sua empresa.

Face a isto, faz-se necessário estar atento e aberto às mudanças, procurando sempre compreender e ponderar sobre os pontos fortes e fracos das novas técnicas e terminologias que surgem.

Portanto:

Aprenda a aprender. Não existe nada tão perfeito que não possa ser melhorado. As melhores mudanças, as mais significativas, acontecem de forma gradativa.

Aperfeiçoe-se. Atualize e desenvolva seus conhecimentos. Participe de exposições, seminários e associações de sua área de atuação.

Crie desafios. A auto-superação é o melhor caminho para a excelência. Não espere desafios, crie-os.

Aproveite o dia. A vida não é só trabalho, mas também lazer e esportes. Viva momentos felizes com sua família e amigos. Corpo e mente cansados não produzem bons frutos.

Lembre-se: Você já conheceu alguém que em seu leito de morte houvesse dito: - Ah, se eu tivesse passado mais tempo no escritório...

MUDE O PARADIGMA

Êta palavrinha difícil!!! E, pior... parece estar a todo instante sendo tema de congressos, palestras e artigos de negócios.

De uma forma bem simples, paradigma é a realidade que cada um cria e aceita em sua mente.

Fique atento:

Foque os fatos positivos. Crie um ambiente de alegria dentro de si mesmo.

Aprenda e procure novos caminhos. Entrar na mata nativa para abrir uma nova "picada" pode trazer maiores benefícios do que seguir pela estrada já pavimentada.

Procure a solução do problema. Não perca mais tempo pensando no que já aconteceu. Busque a causa e a solução do problema, preferencialmente com a participação de todos os envolvidos no processo.

Mudanças assustam todo ser humano que, normalmente, não gosta de mudar. Você ou sua empresa não precisam mudar tudo em 100%. Comece com pequenas mudanças, tornando-as hábitos em sua vida.

Seja pró-ativo. As pessoas são reconhecidas e respeitadas pelo que fazem e não pelo que deixam de fazer.

ISTO PEGA...
E É CONTAGIOSO!!!

O tempo está para grandes mudanças. Aliás, podemos definir esta década como a Década das Transformações.

O perfil profissional tem sido obrigado a mudar, devido a questões como competitividade e a temida empregabilidade. Caso você não queira acompanhar as mudanças, poderá ser infectado por duas doenças terríveis. Veja a primeira delas, preste atenção ao diagnóstico e aprenda como evitá-la:

01. VITIMITE

- Normalmente detectada em pessoas que acreditam (e como acreditam!!!) ser vítimas de tudo. A culpa nunca é delas, mas sim do governo, da economia, da sogra, do tempo, do amigo que não passou a bola.

- Sintomas comuns como falta de motivação, desânimo, cansaço aparente. Sinais claros de irritação e estresse. Você conhece alguém assim ? Cuidado com o espelho !!!

Prevenção:

- Faça acontecer. Perceba os vários caminhos que existem ao seu redor e... TENTE, MEU AMIGO, TENTE !!!

- Assuma a sua parcela de culpa. Só desista depois de todas as possibilidades esgotadas. Perceba o que você pode fazer para mudar a situação.

- Pondere e seja sincero consigo mesmo. Analise o que poderia ter sido feito de forma diferente. Não se lamente, mas sim, tenha uma visão crítica para aprender com os próprios erros.

Dizia o sábio: *"Inteligente é aquele que aprende com os próprios erros, sábio é aquele que aprende com os erros dos outros."*

A SEGUNDA DOEN-ÇA: FUJA DELA E RÁ-PIDO!!!

A segunda e ainda pior doença é a chamada MESMICE. Os sintomas são parecidos com a historinha abaixo:

Certa vez, um piloto do Exército levava para treinamento um grupo de soldados que iria saltar de pára-quedas. A certa altura, o piloto perguntou com voz bem baixa ao general:

- General, a que altitude os soldados irão saltar ?

O general estranhou o tom baixo de voz e com um gesto avisou que não sabia, porém virou-se e perguntou ao coronel, também em baixo tom:

- Coronel, o piloto quer saber a que altitude os soldados irão saltar ?

O coronel olhou meio desconfiado para o general, mas pensou: - Chefe é chefe.

Em voz baixa, disse que não sabia e perguntou ao tenente com a voz bem baixinha:

- Tenente, o piloto quer saber a que altitude os pilotos irão saltar ?

O tenente que lá estava de gaiato, olhou, pensou e em voz baixa disse que não sabia. Virou-se para o sargento, que na verdade era quem comandava a operação, perguntando com a voz em superbaixo tom:

- Sargento, o piloto quer saber a que altitude os soldados irão saltar ?

O sargento olhou meio torto para o tenente e assim disse:

- Ô, tenente, tá maluco, meu amigo ? Por que você está falando baixinho desse jeito ? Por acaso estamos tratando de algum segredo de Estado ?

O tenente, um tanto quanto bravo, virou-se para o coronel e disse:

- Coronel, você está brincando comigo ? Por que está falando baixinho assim ? Tá pensando que sou idiota ?!?

O coronel, sentindo-se ofendido, tomou uma dose de coragem, cutucou o general e assim falou:

- General, não gostei da brincadeira. Está pensando que sou besta ? Por que está falando baixinho desse jeito comigo ?

O general, sendo a mais alta patente do exército, não deixou por menos e, sem saber o que dizer, virou-se muito irritado para o piloto e exclamou, agora em alta voz:

- Piloto maldito !!! Tá brincando comigo, cabra da peste ? Diga-me, senão o mato agora. Por que estamos todos falando baixinho desse jeito ?

O piloto, muito assustado, com o dedo indicador apontando para a garganta disse bem baixinho a todos:

- Vocês, eu não sei, mas eu porque estou rouco !!!

Isto é a mesmice. Fuja dela e Rápido !!!

AJA ENTUSIASTICAMEN-TE!!!

"Ter um Deus dentro de si."

Era assim que os gregos, na Grécia Antiga, definiam as pessoas que agiam entusiasticamente em seu dia-a-dia e que, por conseqüência, obtinham grandes resultados.

O entusiasmo é contagiante. Pense: as pessoas que acreditam em si mesmas, que estão sempre sorrindo, têm mais amigos e são mais felizes.

Mais contagiante que o entusiasmo é a "falta de entusiasmo". É triste e de *arrepiar* !!!

Seu pai, após ter casado com a sua mãe, lançou cerca de 360 milhões de espermatozóides, todos ávidos e "loucos" para fecundar o óvulo. Aproximadamente 10 chegam ao óvulo e, normalmente, somente 1 consegue entrar.

Venceu o mais entusiasmado, o que mais mexeu o rabinho. Adivinhe quem ??? Olhe para o espelho e você vai dar de cara com ele!!!

Entusiasmo e amor no que se faz, trazem mais resultados do que qualquer curso ou diploma que se tenha.

O JOVEM LENHADOR

"Havia um jovem lenhador, cheio de vitalidade e motivação. Em seu primeiro dia de trabalho, entusiasmou-se muito, pois havia derrubado 104 árvores. Vinte a mais do que a média de outros lenhadores. No dia seguinte, fez 101 árvores tombarem, no outro, 97. E assim, dia após dia, seu esforço foi aumentando e a produtividade caindo cada vez mais.

Ao décimo dia, contou, muito cansado, 79 árvores no chão. Parou e foi pedir ajuda. E ela veio. O mais experiente dos lenhadores ensinou:

- "Sua dedicação é maravilhosa e surpreendente, mas quantas vezes você parou para afiar o machado?"

PERCEBA A SI MESMO

A primeira novidade neste tópico refere-se à seguinte frase:

- A motivação não existe. O que existe, na verdade, é a automotivação. É como a história do balão: você só enche o seu balão se VOCÊ QUISER.

O segredo, então, é descobrir o que o motiva. Mas, para isso, é preciso aprender a perceber a si mesmo. Siga as dicas:

- Faça autocríticas constantes. Pare regularmente para analisar como anda a sua vida, realizando um balanço entre o planejado e o conquistado.

- Ouça a quem o ama. Pergunte à sua esposa ou marido: - "Grande amor da minha vida, como é que eu sou ?"

  Mas, não se assuste com a resposta: em quase 100% das vezes, as outras pessoas não nos vêem como nós gostaríamos que nos vissem. Uma pena !!!

- Analise pontos fortes e fracos. Meu amigo, desde que o mundo é mundo, todos temos coisas boas e ruins. Desenvolva os pontos fracos e aprimore, fortaleça e estimule os pontos fortes.

  Desenvolva, principalmente, os seus pontos fortes. São eles os seus grandes indicadores de excelência.

- Olhe no seu próprio olho. Já dizia o poeta: "o olho é o espelho da alma." Onde está aquele brilho nos olhos que sempre tínhamos à vista ? Tá esperando o quê ? Corra para o espelho !!!

- Teste seu sorriso. O sorriso é uma fantástica "arma de marketing", e também um pequeno termômetro para medir o seu grau de automotivação. Será que você anda sorrindo para a vida, em vez de esperar que ela sorria para você ?

ACREDITAR É PRECISO...

Parece fácil, mas uma das principais dificuldades de qualquer Ser Humano é a capacidade de acreditar em si mesmo.

E a velha máxima "se não acredito em mim, quem acreditará?", torna-se presente em cada ação profissional ou pessoal, uma das principais responsáveis pelos sucessos ou insucessos de sua vida.

Acredite em si mesmo!!!

Não acreditando, com certeza, você não utilizará todo o seu potencial.

Acreditando, terá mais força para vencer todos os obstáculos que a vida lhe impuser.

Persista. Acreditando, você conseguirá levantar-se todas as vezes que for ao chão. O maior triunfo dos vencedores é a sua imensa capacidade de recomeçar.

Tenha muita fé. A fé sustenta o Homem, faz realizar o que antes parecia impossível, fornece força e coragem para enfrentarmos nossos maiores desafios.

FORTALEÇA SUA AUTO-ESTIMA

A capacidade de gostar de si mesmo é fator determinante para a realização pessoal. O Homem, devido à sua natureza, sempre focou mais firmemente seu lado negativo. Apesar de todos termos pontos fortes e fracos, insistimos em valorizar os fracos, não observando nossos "privilégios pessoais", particulares.

Com o passar do tempo, nossa mente começa realmente a acreditar que somos piores do que qualquer um, do que nossos concorrentes e, muitas vezes, insistimos e repetimos o tempo todo frases como:

_ Ah, se eu fosse tão inteligente como Anita.

_ Se eu tivesse a beleza de Pedro, ou o carro do João.

Fortaleça sua auto-estima:

- Tenha um objetivo. Defina claramente os seus objetivos pessoais, profissionais e espirituais. Tenha em mente aonde quer chegar, quando e como. Preferencialmente, escreva os seus objetivos. Tudo o que tentamos guardar na cabeça mais fácil e rapidamente pode ser esquecido e interpretado de outra maneira.

- Elabore um plano de ação. Definido o que quer, vá à segunda etapa, ou seja, como chegar lá. Descreva as atividades que são necessárias para atingir seus objetivos, incluindo estimativa de tempo e recursos necessários.

- Sonhe. Sonhe alto, tão alto quanto o vôo de uma bela ave no céu. O sonho e o entusiasmo alimentam-se mutuamente.

Lembrando o verso do poeta catarinense Lindolf Bell, "*menor que meu próprio sonho não posso ser...*"

Por outro lado, já dizia Platão (428 a 343 a.C.) "*Os sonhos podem afetar uma personalidade ou uma vida.*"

ELOGIO É BOM
E QUEM NÃO
GOSTA???

O elogio é uma poderosa arma para a motivação...nas mãos de quem sabe usá-lo.

As pessoas não são movidas apenas a recompensas materiais mas, também, pelo reconhecimento e admiração ao bom trabalho realizado.

Elogio é bom, todo mundo gosta e ponto.

Algumas verdades sobre o elogio:

- Sinceridade é fundamental. O elogio deve vir do fundo do seu coração.

- Tudo o que é demais gera desconfiança. Evite disparar elogios sem fundamento para todos a todo momento. Use de seu bom senso e sensibilidade.

- Elogios não precisam ser públicos ou em alta voz. Respeite as particularidades de cada um. Elogios face-a-face, enfatizando a realização de um bom trabalho, com certeza terão melhor aceitação por pessoas mais tímidas.

- Não é preciso estar em um cargo de chefia para elogiar. Independentemente de qualquer posição hierárquica, você pode muito bem elogiar um colega de trabalho, filhos, esposa, marido ou clientes. Basta observar e querer.

- Sempre elogie logo após a ocorrência do fato. Não espere passar muito tempo ou poderá perder uma grande oportunidade de motivar sua equipe.

E QUEM O ELOGIA???

E por falar em elogio, você deve estar pensando:

- Tá, tá bom. Mas, e eu? Como é que eu fico nesta história?

Elogiar é bom, mas cá entre nós, (segredo, hein), ser elogiado é ainda melhor.

Algumas dicas, caso você esteja esperando aquele elogio... que infelizmente ainda não veio.

- Elogie a si mesmo. Meu amigo, se você fez algo bom, realizou uma grande venda, atingiu as metas da produção, diga a si mesmo:

  - *Parabéns !!! Eu sou demais !!!*

- Mantenha e eleve sua auto-estima. Com certeza, você sabe quando acertou.

- Estresse, ritmo acelerado na empresa e na vida. Não fique só esperando que os outros o elogiem. Evite frustrações dando um grande abraço...em você mesmo !!!

  Experimente !!! É sensacional !!!

- Descubra a grande pessoa que você é e libere o seu enorme potencial criativo.

  Lembre-se: Cientistas acreditam que, durante a nossa vida, utilizamos apenas cerca de 1 a 2% de nosso potencial cerebral. E o resto ???

- Agora é com você !!! Vamos juntos, neste momento, nos dar aquele elogio (na primeira vez eu ajudo). 1, 2, 3, E ...

UM SORRISO

É incrível, mas a maior técnica de motivação e carisma foi a natureza quem nos deu. Faça o curso que quiser, em qualquer lugar do mundo, e nenhuma técnica de marketing e vendas (afinal, todos somos vendedores) superará o velho e bom sorriso.

Um sorriso vale mais do que mil palavras.

Em minhas andanças pela vida encontrei um poema que assim diz sobre o ato de sorrir.

Um sorriso:

- *Não custa nada e rende muito. Acredito que nunca ninguém pagou, ao menos, R$1,00 por um sorriso. É de graça e só gera bons dividendos.*

- *Enriquece quem o recebe, sem empobrecer quem o dá. Ninguém fica mais ou menos pobre pelo simples ato de sorrir. O sorriso é um dos alimentos da alma.*

- *Dura somente um instante, mas seus efeitos perduram para sempre. Pare agora. Feche os olhos e imagine um momento feliz de sua vida, uma festa com os amigos, o ano novo com a família. Aposto que, na imagem que se formou em sua mente, a maioria das pessoas ao seu redor estavam sorrindo. Acertei ?*

- *Ninguém é tão rico ou pobre que dele não precise ou não o possa dar. O sorriso não tem condição social: seja rico, seja pobre, o sorriso sempre vem.*

UM SORRISO 2

O sorriso é fantástico !!!

Og Mandino (autor do livro "O Maior Vendedor do Mundo"), diz que "a amizade e o riso estão intimamente relacionados."

Veja que maravilha: ao sorrir, o cérebro libera uma substância que nos dá a sensação de bem-estar, cujo nome é endorfina. Normalmente, liberamos endorfina quando sorrimos, praticamos atividades físicas, ao dançar e, também, ao fazer amor, entre outras atividades.

Portanto, caso você conheça alguém muito mal-humorado, pode ter a certeza de que ele não tem realizado nenhuma das atividades citadas.

Aprenda mais sobre o sorriso:

- Leva a felicidade a todos e a toda parte. O sorriso, como o balão, tem linguagem universal. Se, por acaso, você cair em uma ilha cheia de canibais e o chefe da tribo sorrir prá você, com certeza ele quer comê-lo. Não é alegria !!! Huuummm...

- Não se compra e nem se empresta. Não tem como emprestar o sorriso da vizinha ou o do colega do lado. Cada um tem o seu, portanto, capriche !!!

- Não há ninguém que precise tanto de um sorriso como aquele que não sabe mais sorrir. A vida nos dá alegrias e tristezas. Ao ver alguém que você ama derramar uma lágrima, responda com um sorriso.

DESENVOLVA SUA INTELIGÊNCIA EMOCIONAL

Cientistas pesquisaram, pesquisaram e provaram por A+B, que o Q.E. (Quociente Emocional) é o maior responsável pelos nossos sucessos ou fracassos. O problema é que sempre mediram nosso Q.I. (Quociente de Inteligência). Mas, para nosso alívio, o Q.E. pode ser desenvolvido e estimulado, ao contrário do Q.I.

Entenda-se por Inteligência Emocional o uso intencional de suas emoções agindo em seu favor, com isso produzindo resultados positivos.

Segundo o Dr. Hendrie Weisinger, nossa inteligência emocional pode ser desenvolvida, principalmente, por estes três meios:

Amplie sua autoconsciência. Procure perceber o modo como você faz suas ponderações e avaliações, sua atuação em relação aos colegas de trabalho ou atendimento a seus clientes. Basicamente, procure prestar atenção em seus atos e sentimentos.

Controle suas emoções. Procure redirecionar sua energia emocional para buscar resultados positivos em todas as suas situações de vida. Pratique exercícios, tais como desenvolver diálogos internos mais construtivos, procurar tornar um hábito ser um bom "solucionador de problemas". Controle sua excitação, pois o corpo fala e pode demonstrar raiva, ansiedade, desânimo, desinteresse e uma série de atos que podem vir a prejudicá-lo. Faça do entusiasmo e bom humor grandes aliados em seus combates diários.

Aprenda a se automotivar. Ainda, segundo o Dr. Hendrie, temos quatro grandes fontes de automotivação. São elas:

- Você mesmo com suas crenças e atitudes.
- Pessoas à sua volta. Busque apoio e incentivo em amigos e parentes.

• Mentor emocional. Tenha uma figura-modelo real ou fictícia, alguém que realmente o inspire.

• Ambiente e instalações. Transforme o seu local de trabalho em algo alegre e agradável. Fatores como ar, iluminação, cores e decoração fazem parte dos "detalhes" que nos levam ao sucesso.

Lembre-se: quando estamos motivados enfrentamos crises e obstáculos com muito mais coragem e determinação. Somos mais criativos e propensos a levar nossas ações até um bom e feliz fim.

QUALIDADE
TOTAL NO
ATENDIMENTO É...

Vamos aos fatos: era mais um fim de tarde em minha vida. Acabava de chegar a uma pequena cidade do interior do Rio Grande do Sul. Naquela semana estava havendo um grande evento na cidade e seu principal hotel estava lotado. Foi quando me sugeriram hospedar-me na Pousada Santa Maria. Confesso que a princípio a idéia não me pareceu agradável, e já estava imaginando não ter uma boa noite de descanso.

Assim que cheguei, a fachada parecia confirmar meus pensamentos...mas algo estava para acontecer.

Na entrada, um senhor já foi pegando minhas bagagens e na recepção fui logo atendido com um cumprimento cordial e um longo sorriso, o que, confesso, acalmou minhas má primeiras impressões da tal fachada.

A recepcionista, D. Tânia, mulher simpática e com um jeito maternal, logo foi me mostrando um dos quartos da pousada. Quando entrei notei belos móveis, um quarto bem pintado, banheiro limpo e bem decorado. TV, frigobar e belas colchas na cama. Mas, o melhor ainda estava por vir.

Assim que saí para meu compromisso daquela noite, D. Tânia perguntou-me se eu iria jantar fora ou se preferia jantar quando retornasse.

Respondi que preferiria jantar na volta, se não fosse incômodo, preferencialmente um prato leve e bem quente, devido ao frio que já estava se anunciando lá fora.

Ela sugeriu-me uma bela canja. Aceitei e solicitei o serviço de lavanderia para passar uma de minhas camisas.

Sua resposta foi curta e grossa: - "Nossas camareiras já se foram, mas eu terei prazer em passar a camisa para o senhor. Onde ela está ?"

Assim que retornei, por volta de 23h00, lá estava à minha espera uma bela canja quente e minha camisa impecavelmente bem passada.

Minha expectativa quanto ao atendimento havido sido superada.

Minhas conclusões:

Questão de boa vontade. Um bom atendimento é principalmente questão de boa vontade. D. Tânia não era a recepcionista somente, mas a própria encarnação da filosofia e atitudes que toda empresa deve ter.

Somente tecnologia não ganha jogo. Ter uma equipe que se sinta dona do próprio negocio é mais importante do que sistemas e máquinas de última geração.

Valorização do cliente. Com certeza, a equipe da pousada, pelo menos intuitivamente, sabe que é o cliente que mantém seus empregos. Acredito que, devido a isso, a recepcionista, o mensageiro e a cozinheira estavam todos muito empenhados em atender bem a todos os hóspedes daquela pequena pousada.

Alegria em servir. No outro dia ainda notei a alegria e a presteza com que as pessoas lá trabalhavam. No café da manhã, bem caseiro, porém cheio de variedades, a própria cozinheira saía de seu "reino" para perguntar aos hóspedes se os bolos estavam do nosso agrado.

Minha última conclusão: por menor que seja sua empresa, por menos capital que ela tenha para investir, sempre, sempre pode existir um diferencial de mercado. A excelência, a qualidade total está dentro de cada um de nós. O importante é querer atender bem, realizar um bom trabalho.

Aprender todos nós podemos.

QUALIDADE
DE VIDA

Partindo do ponto de vista de que quem "produz" qualidade somos nós, seres humanos (afinal, alguém tem que no mínimo apertar o botão certo), é de bom senso avaliar o estilo de vida que levamos. Nossos pensamentos, hábitos e atitudes determinam praticamente nosso jeito de ser.

Aí entra a questão da qualidade de vida, o quanto eu me preocupo e cuido de meu corpo e de meu estado psíquico. Afinal, como já vimos, você é seu maior patrimônio e seu maior cliente.

- Pratique exercícios. Mas não precisa entrar, necessariamente, em uma academia de musculação ou de ginástica. Faça-os de acordo com o seu próprio ritmo. Um passeio pela manhã no parque, o futebol com os amigos, o importante é tornar esta atividade física um hábito.

- Evite preocupações em demasia. Muitos médicos dizem que se parássemos de nos preocupar tanto, a maior parte de nossos problemas de saúde estariam resolvidos. Pense sempre que para tudo há solução e o que não tem solução, solucionado está.

- Viva o seu tempo presente. A ação é agora. O seu tempo é já. Os filósofos franceses estimam que passamos somente 5% de nosso tempo no presente. Pare para pensar: estamos sempre nos lembrando, com saudade, do passado e sempre preocupados com o futuro; e passamos muito pouco tempo realmente aproveitando o tempo presente. Concentre-se mais no agora !!!

- Cientistas acreditam que poderíamos reduzir em 90% nossas doenças revendo e mudando nossos hábitos alimentares, não bebendo em excesso, não fumando, exercitando-nos regularmente e reduzindo a agitação mental.

ERROS COMUNS NA COMUNICAÇÃO I

Só para começar o papo, estima-se que cerca de 60% dos problemas internos de uma empresa são decorrentes da má comunicação. E a comunicação é fator primordial para que pessoas e equipes estejam motivadas.

Veja abaixo os erros mais comuns quando o assunto é comunicação:

- Falar, falar, falar e não dizer nada. É quando discursamos, contamos tudo nos mínimos detalhes mas, no fundo, ninguém entende nada (ou muito pouco) do que foi dito.

- Falar uma coisa e o corpo dizer outra. Nossos gestos e expressões estão a nos denunciar o tempo todo. Nosso corpo constantemente se comunica com o mundo e, nos dias de hoje, na busca pela excelência profissional, é preciso aprender a dominá-lo.

- Impor o seu pensamento. Os tempos modernos são de participação e busca pela melhor equipe. Por isso, cuidado com seguidas insistências para que todos só ouçam ou aceitem o seu ponto de vista.

- Falta de empatia. Empatia é colocar-se psicológica e emocionalmente no lugar do outro. Sempre procure colocar-se no lugar de seus clientes, colaboradores e analisar com sensibilidade as demais opiniões. Com certeza, você encontrará grandes oportunidades.

ERROS COMUNS NA COMUNICAÇÃO II

Você não precisa ser um "expert" em comunicação, mas pode evitar pequenos atos que irão gerar menor credibilidade e respeito junto às pessoas com quem você convive.

A seguir, os erros mais comuns observados:

- Não olhar para quem está falando. Essa é de matar e, pior, superdesmotivante. Procure olhar e prestar atenção ao seu interlocutor. Trata-se de uma questão de respeito.

- Não aguardar a resposta. Essa é outra campeã. Atropelar os pensamentos alheios e demonstrar alto grau de ansiedade nunca fez bem a ninguém.

- Não saber ouvir. Esta é uma dica simples e pouco utilizada. Saber ouvir e como ouvir é uma grande técnica de motivação. Só existe uma técnica melhor do que esta: ouvir com paciência e amor.

- Não pensar antes de responder. Normalmente, esta é a causa de grandes gafes e a responsável mais comum por desentendimentos interpessoais. Aprenda a "digerir" as palavras e pensamentos antes de falar ou escrever algo do que possa vir a se arrepender futuramente.

QUANDO A COMUNICAÇÃO FALHA

A má comunicação também gera uma série de equívocos e mal-entendidos. Quantos de nós já não passaram por situações embaraçosas por falhas de pequenos recados ou textos mal-interpretados ?

Veja abaixo o festival de recados e informações mal-entendidas.

O HALLEY

De : Diretor Industrial
Para : Gerente de Divisão

Na próxima sexta-feira, aproximadamente às 17h00, o cometa Halley estará visível nesta área. Trata-se de um evento que ocorre somente a cada 76 anos. Assim, por favor, reúna os funcionários no pátio da fábrica, todos usando capacetes de segurança e eu explicarei o fenômeno a eles. Se estiver chovendo, não poderemos ver nada. Nesse caso, reúna os funcionários no refeitório e mostrarei a eles um filme científico sobre o cometa.

De : Gerente de Divisão
Para : Gerente de Produção

Por ordem do Diretor Industrial, na sexta-feira, às 17h00, o cometa Halley vai aparecer sobre a fábrica. Se chover, por favor, reúna os funcionários, todos usando capacetes de segurança, e os encaminhe ao refeitório, onde o raro fenômeno terá lugar, o que acontece a cada 76 anos.

De : Gerente de Produção
Para : Chefe de Produção

A convite do Dir. Industrial, o cientista Halley, de 76 anos, vai aparecer no refeitório da fábrica usando capacete, para fazer uma demonstração sobre fenômenos celestes. Se chover, o Diretor Industrial dará outra ordem, o que ocorre a cada 76 anos.

De : Chefe de Produção
Para : Mestres

Na sexta-feira, às 17h00, o Diretor Industrial, pela primeira vez em 76 anos, vai aparecer no refeitório da fábrica com o Sr. Halley. Todo mundo deve estar lá, pois vai ser apresentado o problema de chuva na segurança. Se chover, o Diretor Industrial levará a demonstração para o pátio da fábrica.

De : Mestres
Para : Funcionários

Todo mundo deve estar vestido com segurança no pátio da fábrica na próxima sexta-feira, às 17h00. O Diretor Industrial e o Sr. Halley, cientista famoso, estarão lá para falar sobre os fenômenos da chuva. Caso comece a chover, mesmo, é para ir ao refeitório na mesma hora. O exercício será lá, o que acontece a cada 76 anos.

COMENTÁRIOS QUE SURGIRAM ENTRE OS FUNCIONÁRIOS

Na sexta-feira, o chefão da Diretoria Industrial vai fazer 76 anos e convidou todo mundo para uma festa, às 17h00, no refeitório. Vai estar lá, convidado pelo chefão, Bill Halley e Seus Cometas. Todo mundo deve estar de capacete, porque a banda é muito louca e o rock vai rolar solto.

A ARTE DE CRIAR

Criatividade e motivação são parentes muito próximos. Cheguei a esta conclusão observando que, quando estamos motivados, a capacidade criativa floresce em nossa mente.

Algumas verdades sobre criatividade e motivação:

Felicidade e paixão. Repare que, quando estamos felizes e apaixonados, produzimos e trabalhamos muito mais sem, porém, fazer muito esforço para isso. Lembre-se dos pequenos atos criativos com os quais chamamos a atenção e conquistamos o amor da primeira namorada...

A alegria deve fazer parte de nosso ambiente de trabalho e de nossa vida, é um grande recurso para o aumento da qualidade e da produtividade. É claro que temos dias felizes e tristes (e quem não os tem), mas se conseguirmos maximizar os pequenos momentos de felicidade, poderemos "escapar" mais rapidamente dos momentos infelizes.

Auto-superação. Esta é a palavra-chave para a excelência pessoal. Transforme suas idéias em soluções práticas, procurando melhorar continuamente, elevando sempre seus objetivos. Temos a triste mania de só nos considerarmos pessoas criativas quando temos grandes idéias, grandes projetos. No entanto, nossa vida pessoal e profissional é formada de pequenos atos. São os pequenos atos e pequenas mudanças que realmente nos transformam profundamente.

Estima-se que 86% do êxito nos negócios é resultado da nossa aptidão em relações humanas e criativas e apenas 14% de nosso sucesso se deve às atividades acadêmicas. Acreditar em suas idéias e em si mesmo é mais forte do que qualquer diploma universitário.

Ao chegar aos 40 anos de idade, os adultos utilizam em média 3% da criatividade que possuíam aos 7. A verdade é que nas mais diversas fases da nossa vida encontramos diversos obstáculos que reprimem este dom. No colégio, por exemplo, nossos professores, em sua maioria, nos ensinavam a marcar apenas uma resposta certa, a pensar de forma lógica e a sermos práticos. Se saímos de algumas "regras", somos rapidamente tachados: "endoidou, é ?!?", "simplesmente ridículo", (com certeza sua irmã já falou isso para você; esta é uma frase quase que exclusiva de irmãs para irmãos), "já fizemos isso antes", "não vai dar certo". Frases como estas vão nos desestimulando a sair da rotina e a criar "coisas" que, para os outros, mais parecem esquisitices pessoais.

Não tenha medo de errar. Temos de controlar nossa tendência para aceitar o fracasso e lutar mais pelo sucesso. Maximize todo o seu talento e esforço para o acerto e passe a acreditar mais nas possibilidades de sucesso. Pergunte-se sempre: e por que não ???

ENCONTRE
NOVAS IDÉIAS

Talvez uma de nossas maiores dificuldades seja considerarmo-nos criativos e propensos a ter novas idéias. Procuramos o tempo todo por novas soluções, novas formas de fazer, de reduzir custos, enfim, de diferenciarmo-nos neste mundo globalizado e competitivo. Nesta busca quase louca, eu disse quase, não é muito raro dar o temido "branco" em nossas mentes, de sentirmos grandes dificuldades em encontrar novas soluções para velhos problemas. Por vezes, não enxergamos o óbvio; afinal, já se diz, e faz tempo, que "o óbvio só é óbvio para o olho preparado". Mas, já está provado que todos temos condições de produzir idéias. Mas, para que isso se torne um hábito em sua vida, procure praticar diariamente algumas das dicas abaixo:

☺ Evite duvidar de si mesmo. A partir do momento em que você sente-se apto para conduzir um projeto ou enfrentar um novo desafio, nunca ponha em dúvida a sua capacidade de realizá-lo. Caso não saiba como fazer, seja humilde e procure conselhos de pessoas mais experientes, exemplos de outras empresas. Caso não conheça a nova técnica, procure estudá-la e aprendê-la. Enfim, tudo é passível de aprender e, principalmente, compartilhar. Utilize todo o potencial de trabalho em equipe e tenha sempre em foco o objetivo que pretende alcançar.

☺ Crie uma auto-imagem positiva. Você é aquilo que pensa ser. Crie uma auto-imagem positiva, visualize-se como uma pessoa vencedora e apta a vencer grandes obstáculos. Uma das estratégias dos grandes maratonistas é visualizar-se terminando a prova entre os primeiros colocados.

☺ Pense de modo diferente. Todos dizem que a mente altera o funcionamento do corpo. Comece a ter diálogos internos mais positivos, sempre reforçando o quanto você é capaz, que as coisas não acontecem por acaso e que para tudo existe uma saída. Pense em como seriam as coisas sob outro ângulo, outras soluções, outros caminhos. Nunca existe somente uma resposta para um único problema.

OS TEMPOS SÃO DE GANHA-GANHA

Em uma época em que a palavra parceria é altamente proferida, a prática vem nos mostrar que falar é fácil, mas fazer...

Não existirá parceria se prevalecer o ditado popular "levar vantagem em tudo", ou com base na relação ganhador-perdedor.

Nos tempos de hoje parceria não basta; é preciso ter cumplicidade.

A relação ganha-ganha gera:

- Lealdade e Confiabilidade. Todos gostam de comprar e negociar com pessoas que demonstram interesse no sucesso mútuo. Pessoas gostam de comprar produtos de empresas confiáveis e, principalmente, de pessoas confiáveis.

- Novos clientes. Clientes satisfeitos geram novos clientes. Invista no melhor marketing que existe: o Marketing do "Boca-a-Boca".

- Comprometimento. Duas partes interessadas e bem-intencionadas têm melhores chances de solucionar a questão.

- Maiores índices de competitividade e lucratividade. Estabelecer relações duradouras, visando o longo prazo, é uma das melhores alternativas para manter e elevar sua participação no mercado.

A ERA DA CONSTELAÇÃO

A era do conhecimento é também a era do espírito de equipe, pois somente alcançarão excelência as empresas que estimularem o diálogo, o ambiente mais aberto e participativo e democratizarem seus dados e informações.

Enfim, as melhores empresas são detentoras de altas tecnologias mas, sobretudo, de grandes equipes.

Siga as dicas:

Ninguém faz nada sozinho. E, infelizmente... é verdade. Nem filho fazemos sozinhos, imagine conseguir grandes resultados na vida pessoal e profissional.

Estimule o espírito de equipe. Divida responsabilidades e atribuições importantes entre os colaboradores. As pessoas dão o melhor de si quando se sentem importantes e atuantes dentro da organização.

Integre as pessoas. Atividades esportivas e de lazer geram comprometimento e tornam o ambiente mais alegre e saudável.

Aprenda a respeitar a individualidade de cada membro de sua equipe. Estimule lideranças e o crescimento de todos.

Esta é a fórmula dos grandes líderes empresarias de nossa história.

Compartilhe o sucesso. Deixe bem claro que a razão de seu sucesso se deve ao trabalho e apoio de muitos. Sempre divulgue os nomes de quem contribuiu para os momentos gloriosos da sua vida.

NÓS S.L.
SEM LIMITES

Por que não chegar hoje em sua empresa e propor um "pacto", uma "Revolução à La Brasileira" ?

Imagine que sua empresa ou sua equipe de trabalho passe a se chamar "Nós S.L.".

As empresas que conseguirem criar uma ambiente solidário e provirem as condições necessárias para a realização de um bom trabalho estarão no caminho certo para a conquista de mercado. Lembrando que, em época de globalização, mais importante do que a conquista de mercado é a capitalização de novas oportunidades.

Algumas da principais vantagens do "Nós S.L.":

☺ Uma das características brasileiras é gostar de atividades coletivas na vida pessoal e ser individualista na vida profissional, ou seja, "eu quero conquistar o meu sucesso." Por que não transpor este nosso lado social para dentro da empresa ? De que adianta ser um grande vendedor, se o produto sempre chega atrasado ou fora das especificações solicitadas pelo cliente ? Alguém ganha com isso?

☺ "Eu" sozinho sou limitado de tempo, conhecimento, recursos materiais e financeiros. Pensando apenas no meu sucesso, só tomo ações a curto prazo, o que não garante minha perpetuidade no mercado.

☺ "Nós S.L." garante melhores resultados, já que em equipe somos *SEM LIMITES*. Pense: quando sentimos a força da equipe, quando nos encorajamos mutuamente, quando temos um objetivo em comum, nós temos o sentimento de que "unidos jamais seremos vencidos", sentimo-nos mais fortes e corajosos. Ninguém trabalha para uma empresa pensando que logo irá falir ou "irá para o buraco". Sem perceber, trabalhamos para gerar a perpetuidade de nossa empresa, pois queremos que outras pessoas possam vir a desfrutar de nossos produtos ou serviços ou que venham a se integrar em nossa organização.

Aproveite ao máximo sua vida profissional, gerando espírito de equipe nas empresas em que passar. Afinal, diz a canção: "o tempo passa, e com ele, caminhamos todos juntos sem parar..."

UM PEQUENO CASO SOBRE EQUIPES

Conta a história que, em 1994, houve uma competição entre as equipes de remo da Argentina e do Japão.

Logo no início da competição, a equipe japonesa começou a distanciar-se e completou o percurso rapidamente. A equipe argentina chegou à meta com bastante atraso.

De volta à Argentina, o Comitê Executivo se reuniu para avaliar as causas de tão desastroso e imprevisto resultado e concluiu:

1. A equipe japonesa era formada por um Chefe de Equipe e 10 remadores.

2. A equipe argentina era formada por um remador e 10 Chefes de Equipe.

A decisão passou para a esfera do Planejamento Estratégico, com vistas a realizar uma séria reestruturação da equipe para o ano seguinte.

Em 1995, logo após a largada da competição, a equipe japonesa logo distanciou-se e, desta vez, a equipe argentina chegou à meta com o dobro de atraso em relação ao ano passado.

Uma nova análise das causas do fracasso mostrou o seguinte resultado:

1. A equipe japonesa continuava com um Chefe de Equipe e 10 remadores.

2. A equipe argentina, após as mudanças introduzidas pelo pessoal do Planejamento Estratégico, era formada por:

-um Chefe de Equipe;

-dois Assessores de Chefia;

-sete Chefes de Departamento;

-um remador.

A conclusão do Comitê que analisou as causas do novo fracasso foi unânime:

O REMADOR É INCOMPETENTE !!!

Em 1996, uma nova oportunidade de competir com os japoneses se apresentou.

O Departamento de Tecnologias e Negócios da Argentina pôs em prática um plano destinado a melhorar a produtividade da equipe, com a introdução de mudanças baseadas na nova tecnologia e que, sem dúvida alguma, produziriam aumentos significativos de eficiência e eficácia.

Os pontos principais das mudanças foram o "resizing" e o "turnaround" e o resultado foi catastrófico; a equipe argentina chegou à meta com o triplo de atraso em relação à primeira competição.

As conclusões revelaram dados aterradores:

1. Mantendo sua tradição, a equipe japonesa era formada por um Chefe de Equipe e 10 remadores.

2. A equipe argentina, por sua vez, utilizou uma formação vanguardista, integrada por:

-um Chefe de Equipe;
-um Assessor especializado em "Empowerment";
-dois Auditores de Qualidade Total;
-um Supervisor de "Dowsizing";
-um Analista de Procedimentos;
-um Tecnologista;
-um "Controller";
-um Chefe de Departamento;
-um Controlador de Tempo;
-um remador.

Depois de vários dias de reunião e análise da situação, o Comitê decidiu castigar o remador e, para isto, aboliu "todos os benefícios e incentivos em função do fracasso alcançado".

Na reunião de encerramento, o Comitê, fortalecido pela presença dos principais acionistas, decidiu:

-"Vamos contratar um novo remador, mas utilizando um contrato de prestação de serviços de terceiros, sem vínculos trabalhistas, para não termos de lidar com o sindicato, contratar um consultor para nos dar as linhas gerais de um novo Programa de Qualidade e um palestrante de motivação para erguer o moral da turma" .

Os resultados você já deve estar imaginando. Qualquer semelhança com nossas empresas é mera coincidência.

A TRILOGIA DO SUCESSO

Afinal, o que é o sucesso ?

Será que para nos sentirmos uma pessoa de sucesso é preciso estarmos o tempo todo em evidência, com grandes ganhos materiais ?

Acredito que o conceito de sucesso resume-se na seguinte frase:

- Sucesso é a capacidade de estar feliz consigo mesmo.

Mas, para isso, é preciso ter em equilíbrio três fatores fundamentais:

Espírito. Acreditar em Deus, independentemente de religião ou crença. Acreditar em "algo a mais" é uma característica marcante de pessoas que se sentem realizadas. É por meio da fé que realizamos o que nos parecia impossível. É a fé a força que surge, não se sabe de onde, quando tudo nos parece acabado. É a fé que alimenta seu coração e mente quando é preciso atravessar os obstáculos da vida.

Amor. Aqui, a capacidade de amar como um conceito mais amplo. A palavra e o ato de amar parecem nos assustar; então, que tal compararmos com palavras como solidariedade, amizade, companheirismo, compartilhar, doar, apoiar, ouvir ? Não são pequenos atos "disfarçados" de amor ?

Sentir-se amado e aceito pelo meio em que você vive é uma das mais antigas necessidades do Homem. Mas, que tal começar você a ter algumas atitudes que tornariam realidade as palavras acima ? Por que precisamos sempre esperar que alguém dê o primeiro passo ?

Matéria. Acredite, não há nada de errado em ser ambicioso mas, sim, em ser ganancioso. Ambições positivas nos levam a procurar maneiras de conseguir o que queremos.

O sucesso não consiste em ter ou ganhar muito, mas em ter ou ganhar o que o deixa satisfeito e feliz, o que realmente atenda às suas necessidades e às de sua família. Afinal, para que mais ?

Acredito que pequenos atos como sorrir, ser solidário, aprender a ouvir, acreditar em si mesmo e outras tantas sugestões nos ajudam a ser pessoas melhores e, por conseqüência, profissionais de sucesso.

É lógico que é muito difícil aprender a praticar tudo, mas é muito fácil tentar.

E, quando perceber que seu balão está murcho, é hora de recomeçar a enchê-lo.

O seu sucesso está em sua capacidade de encher o seu próprio balão constantemente, a partir de pequenos hábitos.

É lógico que temos momentos tristes e de desânimo e não podemos e nem devemos evitá-los.

Mas torço, e muito, para que seus momentos felizes sejam muito superiores aos infelizes.

Por isso, uma última página com pequenas sugestões (como não poderia deixar de ser), talvez a mais importante deste pequeno livro.

A vida, a realização pessoal e profissional é...

UMA QUESTÃO DE ATITUDE

Não perca mais tempo.

São suas atitudes que determinam o rumo de sua vida (que passa tão rápido). O melhor, então, é poder olhar para trás, feliz pelas experiências que passou.

Atitude é...

Aplicar novos conhecimentos. Participar de reuniões, grupos de trabalho, cursos, seminários, etc., só terá valia se você puder aplicar o que gostou e aprendeu.

Não fique na mesmice. Pondere e aplique o que tem aprendido.

Almejar o triunfo. O triunfo é ainda melhor do que o sucesso, pois o triunfo origina-se de uma relação ganha-ganha, onde todos ficam satisfeitos. Clientes, fornecedores, colaboradores, todos se sentem atuantes nesta enorme corrente.

Criar e vencer desafios. Ao atingir uma meta, estipule outra ainda maior.

Determine metas e atividades reais para cada período de sua vida e aja. A ação é a semente para grandes resultados e, como diria um grande amigo meu,

"- *Se fosse fácil, todo mundo faria !!!*
Persista. Persevere. Acredite.
Tenha fé em Deus, tenha fé na vida !!! "

Paulo Henrique de Araújo é diretor da Quality House Consultoria e Desenvolvimento em Motivação, Qualidade e Endomarketing. Administrador de Empresas, é pós-graduado e especialista em Marketing, Endomarketing e em Gestão pela Qualidade Total.

Autor do livro Qualidade ao Alcance de Todos – Acesso Rápido e Fácil às Técnicas da Qualidade Total, Editora Gente – SP.

Diversas palestras e consultorias realizadas em empresas como Pirelli Pneus, Dakota Calçados, Porto Seguro Seguros, Banco do Brasil, Pisos Trevo, Coca-Cola, Engeset Telemática (Grupo ABC Algar), Caixa Econômica Federal, SEBRAE-SC, Happy Man Confecções, Cia. Cervejaria Brahma, Grupo Monza, SENAC – RS, Cintos e Acessórios Armadilha, Conglomerado Battistella, Selenium Alto Falantes, Credeal Cadernos, entre outras.

Para eventuais consultas para palestras, críticas ou sugestões, contate-nos:

PAULO ARAÚJO
motivando talentos

MOTIVAÇÃO, QUALIDADE E ENDOMARKETING

Rua José Fernandes Maldonado, 900 conj. 33 Blc. 01
CEP 82840-020 – Curitiba – PR
Fones: (41) 367 5032 / 9975 7397
Fax : (41) 367 6820
E-Mail : pauloaraujo@bbs2.sul.com.br
Home Page: www.pauloaraujo.com.br

METRÓPOLE
Indústria Gráfica Ltda.
Fone/Fax: (51) 318-6355
e-mail: mig@mig.com.br
www.mig.com.br